Disney

Alain's Eudaemonism with Mickey Mouse

ミッキーマウス

幸せを呼ぶ言葉

★アラン「幸福論」笑顔の方法★

角川書店

You can be happy because you smile

笑うから幸せになれる

アラン[1868-1951]

アランという名前はペンネームで、本名はエミール・オーギュスト・シャルティエです。フランス、ノルマンディー地方の生まれで、名門のリセの哲学の教授でした。デカルト、スピノザをはじめ過去の偉大な哲学者たちの思想と彼独自の思想を織り合わせたアランの哲学はリセの生徒をはじめ多くの人々の絶大な支持を受け、彼の教え子からは、アンドレ・モーロワ、シモーヌ・ヴェイユ等の多くの哲学者を輩出しています。

アラン「幸福論」の構成

アランの「幸福論」は幸福とはなにかということを、体系的に論じたものではありません。毎日の暮らしのなかで考えたことをプロポ（箴言）という表現形式で書き続けたものです。１９０５年から１９２６年までの21年間に「幸福」をテーマにして書かれた93編のプロポで構成されています。その構成方法は時系列にそって書かれてはおらず、その時その時の考察や感想を書きつづっています。そのために、同じような話が何度も出てきますが、注意深く読んでいくと、アランの深い考え方が独特の表現力で読む者の心と体に強く響いてきます。

アラン「幸福論」のコンセプト

いったい幸福はどこにあるのでしょうか。

アランは「幸福をどこかに探しにいっても、そんなものは見つからない。なぜなら、幸福は自分で作るものだから」と言います。アランの「幸福論」には表層的な甘い言葉はありません。そのかわり、人々の悩みを一瞬にして解消してくれる熱さと強さがあります。そのひとつひとつの言葉は合理的で分かりやすく、抽象的な観念論や感情的な気分などひとかけらもありません。あくまでも、自分で幸福を作るにはどうしたらいいのか、その方法が具体的に書かれています。幸福になるには、幸福になるための知恵と技術が必要なのです。「自分の意志の力で幸福を作らないかぎり、幸福にはなれない」ということが、アラン「幸福論」の真実です。

アラン「幸福論」の「情念」の扱い方

現代では「あの人は想像力がある」と言うように、一般的にはよい意味で使われていますが、しかし16～17世紀の西洋では、想像力はむしろ荒唐無稽な何かを生み出す素として否定的な意味でとらえられていました。アランは「情念」というのは悪い意味での想像力を生み出すものとしてとらえています。この本では、「情念」という言葉を「ネガティブな感情」という意味で解釈すれば、アランの言葉がより分かりやすく理解できます。

この本について

この本は、体系的な方法を良しとしないアランの考え方に基づいて、大筋のテーマの「幸福の処方箋・1」「情念について」「幸福の処方箋・2」「幸福について」という流れで構成されていますが、どこから読んでも、ひとつひとつのアランのプロポがあなたの人生にとっての大切な知恵を教えてくれます。ウォルト・ディズニーが、人々に幸福と知恵を贈るためミッキーマウスを生み出したように……。

本当の原因を探すことでたいがいの問題は解決するもの

子どもが泣き続けてやまない時、乳母はその原因を子どもの性質や好き嫌いに求め、あれこれと考えてしまう。父親にそっくりだと遺伝の話まで持ち出したりもする。そして、そんな詮索をしているうちに、産着に刺さった安全ピンを見つける。それこそが本当の原因だったのだ。

Seeds of Happiness

不安なときは
とりとめのない
考えをやめて
体を動かそう

注目すべきは、*情念から解放される「考え方」ではなく、「行動」である。人は自分が望む通りに考えることはできない。しかし、筋肉も含め体がその動きになじんでいれば、望むように行動することはできるのである。不安な時に、理屈を考え始めては自分が辛くなるだけである。それよりも、簡単な屈伸運動でもしてみれば、その効果に驚くことだろう。

＊ P7参照

Seeds of Happiness

幸せになるためには幸せそうな言動をまねてみること

礼儀を大切にすることは、私たちの考え方に大きな影響を与えている。喜び、優しさ、楽しさをまねれば、気分がよくなるだけではなく、胃の痛みにすら効果があるだろう。お辞儀をしたり笑顔を向けたりすることと、怒りや疑いを表現する動作は同時にはできない。それも素晴らしい点である。礼儀や笑顔が必要な、人との交流、儀式、祭事などが求められるのはこのためである。幸せのしぐさをまねて、悲しみから解放される。これは大事なことである。

Propos Sur Le Bonheur

Seeds of Happiness

周囲よりもまず自分自身に目を向けること

不機嫌というものは病気でどうしようもないものだと言われる。しかし、ちょっとした事で原因を取り除ける例はたくさんある。ふくらはぎがつると大人でも辛いが、何かに足の裏を押し付けふくらはぎを伸ばせばすぐに良くなる。虫やゴミが目に入った時、こすってしまえば二、三時間は大変な思いをするが、じっと鼻の先を見つめていれば涙が洗い流してくれる。私はこの簡単な対処法を知ってから、二十回以上も実践している。このことが示す通り、周囲の物事に動揺し焦りながら原因を求めるより、まずは自分自身に注意を向けるほうが賢明なのだ。

WHAT DO YOU KNOW ABOUT HOCKEY?!
WHO- ME?
Louie
Dewey
33

過去にとらわれず今この時を大事にする

「悔しい。もっと勉強しておけばよかった」これは怠け者の甘えである。今、勉強すれば良いからだ。昔は勉強したことがあるとしても、今していないのであれば、たいしたことではない。過去を誇るのは、過去を嘆くのと同じく馬鹿げたことである。それを頼みに一生を送れるほどの過去も、取り繕えないほどひどい過去も存在しない。

Propos Sur Le Bonheur

Seeds of Happiness

見えない未来よりも見えている今を考える

私は将来のことなど考えず、今のことだけを見ている方が好きだ。手相を見せないどころか、ことの成り行きを予測することすらしないであろう。なぜなら、私たちがどんなに素晴らしい知識を得たとしても、未来を見通せるようになるとは思えないからである。私の知る限り、重大な事態は予見されることなく訪れるものだ。

Seeds of Happiness

小さな努力を続けることが大きな結果につながる

楡《にれ》の木に比べれば、毛虫など小さな存在である。しかしその小さな歯でかみ続けているうちに森をも食い枯らしてしまうのである。それを防ごうと思うならば、わずかばかりの効果であっても、いつかやり遂げることを信じ、虫に対しては虫になったつもりで不断の努力をもって戦わねばならない。気づかないだけで、多くのことが君に有利に働いているのだ。そうでなければ楡の木などとうの昔になくなっているはずだ。運命は何も決めていない。指先を動かすだけでも世界は変わる。小さな努力でも、積み重ねれば大きな結果を生むことができるのだ。

あくびは疲労のしるしではなく心の休息のサイン

あくびは肉体疲労の知らせではない。それは胸を締め付けるような不安や、張り詰めた空気に疲れた心が、休息を求めているのである。この繰り返される休息のサインによって、私たちは生きているだけで満足で、不安にさいなまれたり言い争うのはもう十分だと分かるのである。

HO-HUM!
C'MON, FELLA! IT'S TIME TO TURN IN! LET'S GET GOIN'!

自分の手で成し遂げたことだけがその後の支えになる

世界は思い通りにはならない。というより、世界は私たちに無関心なのだ。大地は人が切り拓かねば藪と伝染病だらけになる。敵とはいえないが味方でもないのである。私たちの成し遂げた事が、唯一私たちの味方をしてくれる。何もせずに望むだけでは不安を呼ぶだけである。だから、ただの偶然で最初から成功を収めてしまうようなことは、実によくないのだ。そうなると、自らの力で得た実感は残らず、失う恐怖に怯え、敬虔だった者も、やがて世界を呪うようになるのである。

Seeds of Happiness

原因はいつだって自分にあると考えて反省する

自分以外に原因を求め文句を言う人は、決して満たされることはない。自分の過ちを認め「自分は愚かだった」と言う人はその経験を糧にし、強く幸せに生きられるのである。

Seeds of Happiness

考え方を変えれば楽しく生きられる

経験には二つの種類がある。一つは気を重くするもので、もう一つは気を軽くするものだ。楽しげな狩人と悲しげな狩人がいるのと同じことだ。悲しげな狩人は兎をとらえそこねると「俺はいつもこんな調子だ、こんなについてないのは俺だけだ」と嘆き、楽しげな狩人は「なんて賢い兎なんだ」と感心する。兎の仕事は鍋の中に飛び込むことではないと、よく分かっているのである。

Propos Sur Le Bonheur

Seeds of Happiness

今の仕事を愛し
成功を求めて
努力し続けよう

私たちの暮らす世界は、自ら求めようとしない人には何も与えることはないシステムだ。求めるというのは、絶えることなく望み続け努力し続けるということなのだ。この仕組みは決して悪くない。知識があるとか、頭がいいとかいうことが全てではないからだ。どんな仕事にも良い面、悪い面があるが、それを含めてその仕事を愛し、求めるということが大事である。

—Propos Sur Le Bonheur

Seeds of Happiness

望みを叶えたいなら本気で求めなければいけない

多くの人が、望みが叶わない、欲しいものが手に入らないと嘆く。しかしその原因はいつでも同じだ。彼らは本当の意味でそれを求めてはいなかったのだ。

Seeds of Happiness

不機嫌な顔を見せられる相手こそが本当に大事な人

人と親しくなればなるほど、情念ばかりが目につき愛情は見えにくくなるものである。このことを理解しないと不幸になってしまう。お互いが愛し合っている家庭においては、束縛するものもなく、仮面をかぶる必要がない。興味のない相手の前では礼儀正しくなるが、愛する人の前では良い時も悪い時も本当の心の内を見せてしまう。素直に不機嫌な顔をお互いに向けられるというのは、愛情と信頼があってこそなのである。

Propos Sur Le Bonheur

Seeds of Happiness

自分一人で考え込まず世の中に向かって行動しよう

様々な物事を感じ取り、行動する。これこそが大事なのだ。何もせずに思いふけることはあまり健全ではない遊びのようなものだ。考えはただいたずらにめぐり、何も進まない。だからこそ、哲学者ルソーは考えこむ人たちを、彼が価値を置いていた自然のあり方から外れていると非難したのだ。

Seeds of Happiness

責任のある仕事こそ楽しいもの

どんな仕事であっても、自分の意志によって決断を下せる時は楽しい。しかし何かに従わされると途端につまらないものになってしまうのだ。

GO
STOP
P.D.

なかなか手に入らないものこそ求める価値がある

何もしない人間は何も欲しがっていないのだ。できあいの幸せを、どうぞと差し出してみるといい。彼らは無気力に首をふるはずだ。誰でも音楽を聴くだけより、自分で歌ったり奏でたりする方を望むものだ。難しいことは喜びなのだ。目指す過程で味わう困難は心に火をつけ、より強く欲しがるようになる。もし簡単に手に入るとしたら、オリンピックのメダルを誰が欲しがるだろうか。そんなものは誰も欲しがるはずはない。

Seeds of Happiness

何もしなければ本当に楽しいことには出会えない

人に従うのではなく、自ら進んで行動することに楽しさの本質がある。しかし、キャンディは何もしなくても口の中で溶かしさえすれば、甘さを感じさせてくれる。だが、多くの人はそれと同じように幸せを待ち続けて失敗したのだ。音楽は自分で歌わずに聴くだけであれば、それほど面白くはない。だからよく分かっている人はこう言うのだ。「音楽は耳よりものどで楽しむものだ」と。それは絵画の美しさを楽しむ場合でも同じことだ。自分で絵の具を塗ってみたり、絵画を集めたりしたことがなければ、たいして面白みもなく、行動の伴わない小さな楽しみで終わるだろう。人のやったもので判断をするのではなく、自分でその世界を探り理解して行かなければ本当に楽しむことはできないのである。

Seeds of Happiness

人は学び続ける生き物
知れば知るほど
その楽しみは
深まっていくもの

幸せはいつでも私たちから逃げようとする、と人は言う。人から与えられた幸せについてはその通りだ。そもそも与えられた幸せなどというものは存在していないのだから。だが、自ら作り上げた幸せは決して裏切ることはない。それは学ぶことであり、人は学び続ける生き物だ。学者や芸術家であることの楽しみには終わりというものはない。理解が進むほど楽しみは増していくのだ。そして、ふつうの人でも、知れば知るほど学ぶことができるようになるのだから同じことである。すべてのことも、学び続けると終わりのない楽しみがやってくるのだ。

Propos Sur Le Bonheur

Seeds of Happiness

何もしないでくよくよ思い悩むより行動してみよう

哲学者ヘーゲルによれば、人のありのままの魂というものは、いつでも憂鬱に包まれており、思い悩む存在だということだ。これはとても深い言葉である。自分自身をあれこれ省みても、思うように改善できない。それはただくよくよと思い悩んでいるだけだからだ。そんなことをしても、気だるさや不安、悲しみや焦りを連れてくるだけだというのに。

「そのうちやる」ではなく「今すぐにやる」

人の心を突き動かすのは現在のことだが、計画は未来のことである。そのため怠け者は「いつかやってやる」と口にするのだ。本当は「今からやる」というべきなのだ。なぜなら将来を形作るのは今の行動だからだ。

Propos Sur Le Bonheur

Seeds of Happiness

仕事における自分自身の成長は何よりも楽しく大きな力になる

「真の音楽家は音楽を楽しむ人であり、真の政治家は政治を楽しむ人である」「楽しみこそ力のしるしである」これはともに哲学者アリストテレスの言葉である。自分の上達や仕事の進展で感じる楽しみは大きな力となり、その力がまた仕事に活かされる。自らの意志で求めた仕事が魅力的なのは、そのためである。

Seeds of Happiness

幸せとは
自分の意志で選んだ仕事で
成長を実感できること

働くことは最も良いものであり、最も悪いものでもある。自ら求めた自由ある仕事ならば最善であり、誰かに従わされているのなら最悪のものである。私が最も自由のある仕事だと思うのは職人のように自分の知識と経験で全てを決定できるようなものである。自分の仕事の出来を見て、努力の跡に気づいたり、次への教訓を得たりすることは幸せなことである。

Propos Sur Le Bonheur

Seeds of Happiness

仕事も勉強も メリハリを つけたほうが はかどるもの

子どもたちにいつでも勉強することを求めて、逆に怠け者に育ててしまう教育者がいる。子どもたちは、つまらなそうに勉強をしているうちに、身の入らない勉強のやり方が癖になってしまうのだ。その結果、だらだらと続く勉強に疲れが常につきまとう。それはただ空気を吸うためだけに歩く散歩のようなものだ。同じように歩きながら疲れを感じるのに、家に着けばもう疲れていないのだ。しかしメリハリをつければ勉強も疲労も快適なものになるのである。仕事においてもそうだ。一番大変な仕事には疲れも見せずに一心不乱に取り組む。そして終わった後にゆっくり休み、心地好い眠りにつくのである。

Propos Sur Le Bonheur

GOSH! I CERTAINLY HAVE NEGLECTED THIS PLACE!

疲れたときは遠くを見よう

「遠くを見よ」ふさぎ込んでいる人に私がかけられる言葉はこれだけである。そういう人のほとんどは本の読みすぎなのである。人の目はそんな近くを見るためには作られていない。遠くを眺めた時に落ち着くものなのだ。星空や海の彼方でも眺めていれば、目は安らぎを取り戻すであろう。目が安らげば、頭が何かにとらわれることもなく、足取りもしっかりする。内臓まですべてがリラックスし、体全体がほぐれる。

Propos Sur Le Bonheur

WALT DISNEY'S
Donald Duck
IN THE
HIGH
ANDES
TITICACA
ALTURA
3812 METROS

自然に身を
ゆだねれば
自分自身の
狭い世界から
心が解放される

あらゆる物事の本当の関係が分かると、ひとつの対象への思考は、また別の対象へつながることになる。川の渦巻きを思えば、思考は風や雲や、星にまでも広がっていくだろう。本当の知識は、目の前にある小さなものだけにはおさまらない。知るということは、どんな小さなものでも、あらゆるすべてのものにつながっていることを理解することだからだ。すべてのものは、それのみで存在する理由があるわけではない。体を自然に委ねることで、私たちは自分自身にとらわれずに考えることができるのだ。

Seeds of Happiness

じっくり見なければ
ものごとの
本当の価値は分からない

見るものの本当の価値というのは細かいところにあるものだ。
見るということは、細かに歩きまわり、時には立ち止まり、そして
再び全体を見渡し理解することである。

Propos Sur Le Bonheur

Seeds of Happiness

物事を見る目を磨いていけばどんなものにも素晴らしさを見つけられる

急流から急流へ駆けまわっても、どれも同じように見える。しかし、急流から顔を出す岩々を渡り歩けば同じ急流の中でも一歩ごとに違った顔が見える。習慣の中で立ち止まってしまわないためには、変化し続ける何かを見れば良いのである。自分の見方が洗練されていけば、どんなものでも尽きることのない喜びを持っていることに気づくのだ。どこにいても星空を見上げることができる。これこそまさにすばらしい世界である。

Propos Sur Le Bonheur

Seeds of Happiness

幸せになるためには幸せになろうと強く誓うこと

楽観主義には誓いが必要だ。はじめはおかしなことに思えるかもしれないが、幸せになることを誓うべきなのだ。自分の強い意志で、わめき散らす情念を静めるのだ。念のため、悲しみはいつでも自分をだまそうとしているのだと考えておこう。何もしないでいるとすぐに不幸が生まれてくるから、今述べたことが必要になるのである。

幸せになることは難しい
だから人は挑戦するのだ

不幸になるのは簡単なことだ。難しいのは幸福になることだ。しかしそれを行動を起こさない理由にしてはならない。その逆に難しいからこそやるべきなのだ。ことわざにもあるだろう。「価値あるものには困難がつきまとう」と。

Seeds of Happiness

恐怖や不安は
悪いもの
飲み込まずに
吐き出してしまおう

食べたものがのどにつかえると、体じゅうがこわばって不安になり混乱してしまう。そんな時は焦って飲み込もうと息を吸うよりも、力を抜いて吐き出してみることだ。不安を吐き出すのと同じように、有害なものは吐き出してしまえば良いのである。

どんなことも
悪い面より
良い面を見ること

どんな物事にも二つの面がある。良い面を見れば幸福な受け取り方ができるし、悪い面を見れば不幸な物事に映る。幸福になろうとする努力は決して無駄にはならない。強い意志は、私たちが思うよりもずっと真の幸福に必要なものなのだ。

Propos Sur Le Bonheur

Seeds of Happiness

憂鬱に打ち克つには
それに負けないくらい
たくさんの幸せを
作り出すこと

哲学者スピノザは言った。「人はだれでも情念を持っている。しかし賢い人は、情念に流されない素晴らしい考え方、独自の幸福論を自分の中に作り上げている」と。私たちも、自分の好きな音楽や絵画、人との会話などから、幸せをいくらでも作ることができるのだ。その幸せたちの前では私たちの憂鬱などささいなものなのだ。

Seeds of Happiness

失敗をバネに
できるかどうかは
自分次第

野心家は途方もない幸福を得ようといつでも何かを追い続けている。しかし本当に幸せを感じているのは、実はその多忙さなのだ。そして失意のうちにあり不幸な時も、その不幸に幸せを感じている。その失意を糧にできると思っているからだ。何がその人にとっての糧になるかは、その人が糧になると思うかどうかで決まるのである。

S'PRISE!
TAR

与えられた幸せでは本当の意味での幸せにはなれない

物質的に不自由のない生活が保障されても、幸福は自分の手で作り出さねばならない。自分の心の中に、よりどころを持たない人間は、やがて目の前にある退屈につけ入られてしまう。そして、その退屈は不幸しか生み出さないものである。

Seeds of Happiness

悲しみの言葉を発すると
もっと悲しくなる

言葉はそれ自体が強い力を持っている。不幸を嘆く言葉を発すれば悲しみを助長し、悲しみを大きくする。マントのように悲しみがすべてを覆ってしまう。悲しみを感じて発したはずの言葉が、いつしか新たな悲しみを生み出してしまうのだ。原因と結果の逆転が起こるのである。

POTLUCK

妄想にとらわれると
どんどん悪い方向に
進んでしまう

想像によって生み出された情念を信じてはならない。情念は自分を取り込もう、だましてやろうとしているのだから、それを拒絶することが大事だ。そうすれば悩みの根っこが解消される。少々の頭痛や疲労は我慢できるものだし、そう続くものではない。しかし、情念に身を委ね始めると、それらをさらに悪化させてしまうのだ。これが情念の罠である。

Propos Sur Le Bonheur

過去や未来を考えても後悔や不安を生むだけ

ギリシャ哲学のストア派の人間が言うには「人は現在のみを耐え抜けば良い。過去にも未来にも苦しむことはない。過去はもう存在しないし、未来はまだ存在していないのだから」とのことである。過去や未来は私たちがそれを考えるときにだけ姿を現す。それは単に想像上のものに過ぎず、実体のあるものではない。私たちはわざわざ自分が後悔するために過去を考えたり、不安を生むために未来を考えているようなものなのだ。

13

すべては移り変わり 過ぎ去っていくもの 今この時を考えよう

過去や未来のことを思い悩み、自分を苦しめている人たちにこう言いたい。今のことだけ考えろと。今も絶えることなく続いている君の生活のことを考えるべきなのだ。今この時というのは、刻一刻と進んでいる。だからこそ、君が暮らしているように次の瞬間も暮らすことができているのだ。君は今この時を生きているのだから。それなのに君は未来に怯える。君は自分のまったく知らないものに怯えているのだ。そしてこれから起こることは自分が想像している通りのものではないのだ。「すべては移り変わり、すべては過ぎ去る」この言葉によく悲しませられたものだが、時には人を救うのだ。

Propos Sur Le Bonheur

Seeds of Happiness

後悔するより今の状況を理解して一歩を踏み出そう

しっかりした考え方のできる人は、自分がどこにいて、現状はどうで、取り返しようのないものは何かを、自分に向かって言い、そこから未来に向けた一歩を踏み出せる。しかしこれは簡単なことではないから、小さいことから練習していけば良い。過去を思い悩むことで生まれる悲しみは何の役にも立たないどころか、実に厄介なものである。その悲しみのせいで私たちは意味のない反省や考察をするのだ。哲学者スピノザもこう言った。「後悔はそれ自身誤りである」と。

病気の友達には生命力の強さと希望を届けよう

病人の前で悲しんではならない。希望を持つべきなのだ。人は自分の持っている希望しか他者に与えられないものである。生きようとする力を期待し、未来を明るく考え、そして最後は生命が勝つと信じるのである。これは思っているより簡単なことだ。それは自然な考え方だからだ。すべての生き物は生命の勝利を信じている。そうでなければ、すぐに死んでしまうからだ。

落ち込んでいる友達には同情ではなく友情を見せること

生きる力を失っている友人にあまり同情してはならない。冷たくしろと言っているわけではない。そうではなく楽しくなるような友情を見せるべきなのだ。同情を好む人はいないだろう。そして、自分がそこにいても良いのだとわかれば、すぐに立ち直り元気になるのである。信頼とは穢れを祓う聖水のようなものである。

Propos Sur Le Bonheur

Seeds of Happiness

人は悲しみを美化しがちだがむしろ喜びの話を広げよう

生を説くべきであって、死を説くべきではない。希望を広げるべきであって、恐怖を広げるべきではない。人類の本当の宝物である喜びを、みんなで育むべきなのだ。これが賢者たちの説いた秘訣であり、明日を照らす光である。情念や憎しみは悲しいものである。喜びの光は情念や憎しみを消し去るだろう。まずは自分にこう言い聞かせよう。「悲しみは美しいものでも、崇高なものでも、役に立つものでもないのだ」と。

Seeds of Happiness

人はどんな不幸にあっても たくましく生き抜く力を 持っている

私たちは自分の身に降りかかる不幸に耐える力を常に持っている。逃れられない不幸が目の前に差し迫ってくるとこんな二択が出てくる。「死んだほうがましだ。いや生きられる限りは生きる」ほとんどの人は後者を選ぶ。生きようとする力とは素晴らしいのだ。

苦労が多い人ほど たくさんの喜びを 見つけ出せる

辛い生活を送っている者ほど、我慢強く、多くの喜びを見つけ出すものである。なぜなら、起きるかも分からない不幸を想像して不安がっている余裕などないからだ。目の前のことを考えるだけで手一杯で、意味のない予想をしている暇などないのだ。

何かに夢中になると悲しみなんて消えてしまう

ちょっとした慰めで、悲しみがうそのように飛び去ってしまうことがある。恥ずかしさを感じ、認めたくない人も多いだろう。思想家モンテスキューのように「私の場合、悲しみは一時間の読書で消え去ってしまう」と言うのは勇気のいることだ。しかし、しっかりと本に向かってみれば、情念を忘れ読みふけってしまうのは事実なのである。

Seeds of Happiness

愚痴を言えば言うほど自分自身が不幸になっていく

悲しみは悲しみを生み出す。自分の不運に愚痴をこぼせば、不幸は広がるばかりで、やがて笑うこともできなくなり、体の具合まで悪くなる。もし君の友人が、くどくどと愚痴をこぼしていたら、もっと見方を変えてみるようにと彼に助言をするだろう。それなのに、なぜ君は自分自身にとっての大事な友であろうとしないのか。しっかりと聞いて欲しい。少しは自分を愛し、自分に優しくならねばならないのである。

Seeds of Happiness

幸せになるためには自分の不幸話や愚痴をこぼさないこと

幸せになるための決まり事、その第一は自分の不幸を他人に一切話さないということだ。現在の不幸も過去の不幸もどちらもである。忘れがちなことだが、愚痴は他人を悲しませる。そういった話を好むように見える人であっても、やがて嫌な気分になるのだ。悲しみは毒のようなものだ。毒を好むことはできても、毒で気分が良くなることはないのである。

KIDS LOOK AT DONALD IN PROFILE VIEW — DON SAYS: "THAT'LL HOLD YA"!
22

なんの役にも立たない
マイナスの気分など
気にしないこと

「こう生きればいい」というものはあまり知られていない。幸せになる秘訣の一つは、自分の気分に無関心でいることだと思う。気分などというのは、注目されることがなければ、犬が犬小屋にもぐり込むように、自然的な命の中に落ち込んでいくものである。これこそ道徳の最も大事な部分の一つである。自分の失敗、後悔、反省というものにつきまとう、みじめさなどの気分から自分を解放することだ。「こんな気分はそのうちなくなってしまうだろう」そう言えばいいのである。

Seeds of Happiness

自分自身の思い込みで敵を作り出しているだけ

よくある話だが、自分には敵がいると考え、それによって不幸を招いてしまう。人は味方よりも敵のほうを念入りに作り上げてしまいがちだ。「彼はあの一件で自分に悪意を抱いている」などと考えてしまう。相手はとっくに忘れているのにだ。それなのに自分だけがそれを引きずり、彼の前に出ると顔色を変え、それが彼に悪意を思い出させるのだ。人間は自分以外にはさほど敵はいない。間違った考えをしたり、いたずらに不安がったり、勝手に絶望したり、自分のことを悪く言ってしまったりと、常に自分自身にとって最大の敵は自分なのである。

Seeds of Happiness

何も考えずに感情に身を任せてはいけない

怒りに我を忘れている人や、咳の発作におそわれている人には共通点がある。どちらも思考が感情に支配され、恐怖や不安といった情念に身を委ねてしまっている。私たちは正しい体操を知らなければならない。それは理性により体をコントロールするということだ。全てを理性的にこなすことはできないが、情念にとらわれ、体の自然な反応を妨げてはならないのだ。

Seeds of Happiness

感情的になった時こそ礼儀正しく

私は礼儀というものをこう考える。礼儀とは情念に対する体操である。礼儀正しいとは、全てのしぐさや全ての言葉を利用して「情念に流されないようにしよう。人生のこの一瞬を台無しにはしない」と自分に働きかけることである。

わけもなくおびえていても
よい結果はついてこない

優れた闘士は少しも怯えない。それは自分と相手のすることをはっきりと把握しているからである。しかし、もし運命に身を委ねたなら、剣で刺されるより先に、彼は自分を狙う相手の目に刺し貫かれるだろう。そして恐怖は不運よりも悪い結果をもたらすのだ。

Propos Sur Le Bonheur

. 18
1

天気の悪い日こそいい顔をしよう

雨が降っている。雨粒が屋根を叩き、小さな川がさざめく。空気は洗い流され澄み切っている。雲は素晴らしい形をしている。こういう美しさを分からないといけない。農作物が駄目になる、泥だらけになってしまう、芝生に座ることができない。その通りだ。だがそんなことを言ってもどうにもならない。不愉快な態度をとっても部屋の中でまで雨に追われるようなものだ。空が暗い時ほど、明るい顔が見たいものだ。だから雨の日は幸せな顔をするのだ。

Seeds of Happiness

あるがままの現実を受け入れれば多くの問題は解決する

どんな情念に対しても解決法は同じである。想像の中で物事を判断するのではなく、現実にあるがままを理解することだ。人は大海を航海するとこんな恐怖にかられる。「なんて荒波だ。真っ暗な海底からの声が聞こえるようだ。恐ろしい。飲み込まれそうだ」だが、これは真実ではない。現実は船体の重量バランスや潮の流れ、そして風の問題である。運の悪さなどが原因となるわけではない。人を殺すのは波風の作る揺れや船のきしむ音ではない。運命などありはしない。難破しても助かることもあれば、風呂で溺れることもある。頭が水の上に出るかどうか。現実に存在する問題はこれだけなのである。

Seeds of Happiness

絶望は自然に生まれるが希望は自ら作り出したものの上にしか生まれない

絶望というのは、希望も同じだが、雲が形を変えるよりも早く人から人へと伝染していくものだ。私がある人を信頼すれば、彼は私に正直であろうとするだろう。私が最初から非難を浴びせれば彼は私のものを盗むようになるだろう。相手の態度は自分が与えた態度によって変わるのである。さらに希望と絶望の性質を考えてみるといい。希望とは、平和や正義と同じく人が自ら作り出したものの上に生まれるので、それを保つことができるのは意志の力だけである。しかし絶望というものは人が望まずとも、自然に存在するものの力によって保たれるどころか大きくもなるのである。

WE WILL BURN UP ALL TH' COURSES, AN' WE'LL PASS TH' OTHER HORSES, JUST LIKE THEY-ARE-STANDIN'--STILL!

強く信じて行動すれば いつか夢は現実になる

信念というものが大きな意味を持つ人間世界にあっては、自分の信念をしっかり認識しなければならない。自分で倒れそうだと思えば倒れてしまうし、何も出来ないと思えば何も出来ない。望んでも裏切られると思えば裏切られるのである。だから、次のことを意識しなければならない。自分で晴天や嵐を作り出すのだ。まずは自分の中に。それから周囲に、やがては人間世界に。

Propos Sur Le Bonheur

Seeds of Happiness

相手は自分を映す鏡

自分の気分よりも、他人の気分の方がコントロールしやすいものだ。そして、他人の気分を慎重に扱う人は、その態度と経験によって、自分自身の気分にとって良い医者となるのだ。私が思うに、会話においてもダンスにおいても、各人はそれぞれがお互いを映す鏡なのである。

Propos Sur Le Bonheur

喜びは人と分かち合い悲しみは人に見せないようにする

悲しみは美しいものだという僧侶の嘘から抜け出し、悠然と生きねばならない。悲しみを押し広げて自分や他人の心を引き裂いてはならない。それだけではなく、どんなことでも互いに関係を持つのだから、わずらわしいことを人に話したり見せたりと大げさにしてはならない。人に楽しみを与え、苦しみは抜いてやる。人にそう接することで、自分も伸びやかに生きられる。本当の慈悲とはそういうことだ。優しくあることは喜びである。愛は喜びなのだ。

WHOOPEE! WE'VE WON!

嫌いなものより好きなことに目を向けよう

哲学者デカルトの考え方として「愛の感情は健康のために良いもので、憎しみは悪いものだ」というものがある。もしある人が、人間、行動、物といった中から、美しく、自分が愛せるものを常に選び、憎しみから行う行動をすべて愛情からの行動に置き換えることができたら、それは大きな進歩である。これは憎しみを消し去る最高の方法でもある。つまり、嫌いな音楽を批判するよりは、好きな音楽に拍手を送るほうが人間として正しく、健やかな人生に近づけるのである。なぜなら、愛は生理的に強く、憎しみは弱いものだからである。

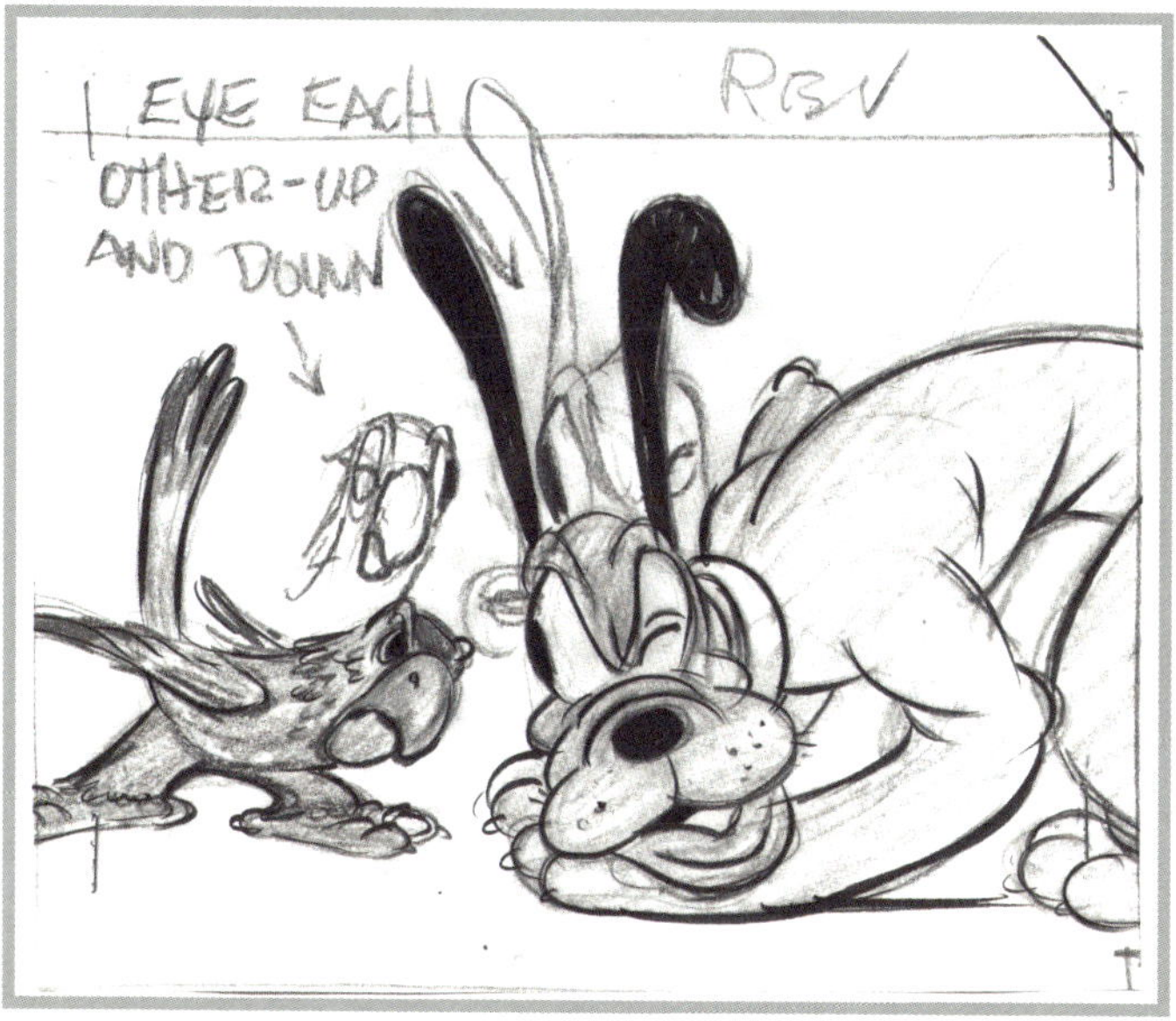
EYE EACH OTHER-UP AND DOWN
RBV

こうなりたいと
いうものがあるなら
そのもののまねを
してみればいい

苦しみから抜け出すには、どんな場合でも何かしらふさわしい動きを考え出せば良い。眠れない人たちは、眠っている人や、全身を伸ばす様子をまねすると良い。しかし彼らは反対に、焦り、不安がり、怒る人たちのまねをする。そこには謙虚さもなく、それこそが失敗する原因である。

Seeds of Happiness

何かを決断するために
考えることは楽しいもの

なるほど考えることは楽しい。しかし、その楽しさは、その先に
決断があるからこそそのものなのだ。

その気になれば人生楽しいことだらけ

人生は、心躍るような楽しみに満ちている。それはまったくお金などかからないのに、人はあまり楽しもうとしない。「目を開けよう。もっと楽しもう」そんなポスターを世界各国で貼りださなければならない世の中のようである。

Propos Sur Le Bonheur

YESSIR! WHEN I CLEAN HOUSE, I CLEAN IT!

嫌なことを笑い飛ばせば
嫌な感情も吹き飛ばせる

躊躇なく笑顔を見せ、礼儀正しく愛想よくふるまえる場面は日常のいたるところにある。人混みの中で少しぐらい突き飛ばされても、その程度のことは笑ってすますことにすれば良い。笑顔を見せればつかみ合いにはならない。そんなことで腹を立てたことを恥ずかしく思うからだ。そして君の方は、ちょっとした病とも言える激しい怒りを感じずにすむだろう。

本当の愛とは相手があるがままであってほしいと願うこと

人との交際において、唯一お互いに期待できることは、「自分のありのままを知った上で自分自身に誠実であること」だけを相手に願うことである。相手をありのままに受け止めることはたいしたことではない。いずれそうせざるを得ないことでもある。あるがままであって欲しいと願うことは本当の愛である。

TANGLEFOOT

幸せから生まれるものも
それを生み出す人も
みな美しい

幸せをもとに作られたものはどれも素晴らしいものである。芸術作品を見ればそれは明らかである。人はその作品の素晴らしさを、端的に「彼は幸せだ」などと表現する。芸術作品に限らず、幸せな行いはそれ自体が美しく、人の顔を美しくするのだ。

FOODLE EEDLE OODLE
EEDLE FWEET!

自分が幸せでないと人には何も与えられない

砂の中に種をまいても、何の役にも立たない。私はそのことをよく考えてみて、聖書の「種まく人」の有名なたとえ話を理解できたように思う。「何もない人を迎えることはできない」ということだ。だから、強く幸福になろうとする人は、人によってさらに強く幸せになる。そういう人は、商売もうまく行き、豊かな富を築く。人に幸福を与えるためには、自分自身が幸福でないといけないのだ。

Seeds of Happiness

待っているだけで手に入る幸せなんてない

幸せになることを求め、真剣に行動することが必要である。扉を開けて傍観しているだけならば、入ってくるのは悲しみである。単なる不機嫌も、そのままにしておけば悲しみや苛立ちになる。これが悲観主義の根幹である。退屈そうな子どもを見ていればすぐにそれが分かるだろう。

Seeds of Happiness

自分を愛してくれる
人たちのために
できることは
自分が幸せになること

上機嫌にはおおらかなところがある。受け取るよりも、むしろ与えるのである。私たちは他人の不幸を考えなければならない。それは本当のことである。しかしあまり言われないことだが、私たちが自分を愛してくれる人たちのためにできる最高のことは、自分が幸せになることなのである。

Seeds of Happiness

行動する前から
あれこれ考えず
まずはやってみること

想像の力は強いものだ。これから起きる大変さや人間の弱さを想像し出したら、何もできない。戦う前から負けているのだ。まず行動を起こし、それから振り返って考えればいいのである。

健康な人のまねをしてみれば自分自身も健康になれる

眠れないかもしれないと心配する人は、睡眠に適した状態ではない。また、胃の心配をする人は、消化に適した状態ではない。病気のまねをするぐらいなら、健康のまねをしてみるべきだ。そのやり方は詳しくは分かっていないが、健康になるための入り口は、健康にふさわしい心の状態であるというふうに考えれば良い。人に敬意を持ち、親切なふるまいをすることが健康につながるのは間違いないのである。

Seeds of Happiness

退屈な時間も
捉え方次第で
素晴らしい時間になる

旅行者の多くが退屈で無駄な時間と考えるのだが、私は汽車の中ほど素晴らしいところはないと思う。特急列車ならなおさらのことだ。座り心地の良い椅子、大きな窓からは季節や天気で違う顔を見せる風景のアルバムが次から次へとめくられていくのだ。これ以上の眺めがあるだろうか？

Seeds of Happiness

自分で作り上げることが一番楽しい

人はたまたま得られる幸福などはあまり大事にしない。自分で作りたがるのである。子どもは大人の作った庭を馬鹿にして、砂の山やワラなどを使って自分なりの庭を作る。自分で集める苦労を嫌がるコレクターがいるだろうか？

Propos Sur Le Bonheur

Seeds of Happiness

欲しいものが
手に入ったときよりも
それを求めて
行動しているときの方が
幸せなもの

どんなに素晴らしいものだろうと想像し、あれこれ探しまわっている時の方が、実際に手に入れた時よりも幸せなことはよくあることだ。実物が手に入ると、全て終わったのだと思い込み、走り回ることをやめ、座り込んでしまうからだ。富には二種類あるが、人を座り込ませる種類のものは、退屈なものなのだ。

WELL, IT WON'T BE LONG NOW

辛い仕事でも自分で選んだ仕事ならば幸せである

一つの仕事が次の仕事につながり、一つの作物がまた次の収穫につながる。これらは農家の人間の大きな幸せである。もちろん自分の意志で自由に農業を営む者のことである。それなのに、大きな苦労をして得た彼らの幸せを多くの人が認めようとしない。与えられた幸せを堪能したいという間違った考えの人間には、苦労を伴う彼らの幸せが認められないのだ。哲学者ディオゲネスの言葉通り、苦しみのほうが良いのだ。この逆説はなかなか受け入れられないが、なんとしても理解してもらわなければならない。繰り返しになるが、自分の意志で選んだ苦痛ならば快楽にもなりうるのである。

YOU BET! JUST FINISHED! AN' IT'S SLICK AS GLASS!
WAX

よい仕事とは終わったときに新たな目標ができる仕事のこと

心に幸せをもたらす富というのは、さらなる計画や仕事を要求される種類のものだ。農夫が念願かなって手に入れた畑のようなものである。なぜなら、その手の富というのはまさに力で、心に幸せを与えるものは、休息している力ではなく、行動する力なのだ。

PLUTO

みんなで協力して難しい仕事を成し遂げることは何よりも楽しい

人間が最も快楽を感じることは、難しい作業に強制されることなく集団で臨むことだ。これはチームでやるゲームを見ていればよく分かることである。

Seeds of Happiness

幸せであること
それが平和ということ

情念に流され興奮することは、戦争を起こす最大の要因たりうる危険なものである。しかし、自分自身でその嵐を起こすことも鎮めることもできる力が人には与えられている。私たちはその力を使うことを学ぶべきである。賢人の言うように、まず幸せであることだ。平和の結果幸せになるのではない。幸せこそ平和そのものなのだ。

誰だって初めから
上手くいかない
だから
練習することが大事

起きてしまった不幸を原因にさかのぼって考えられる人は、人を呪うことも絶望することもない。何をするにしても、最初は誰だって不器用である。やろうとする行為に体が慣らされていなければ、力の入れどころもつかめず、芸術でもスポーツでも会話でも見当違いなものになってしまう。原因にさかのぼれば、それは筋肉と筋肉のつながりである。実際に用いる筋肉が動き出せば、全ての筋肉が連動するのである。下手な人はどんな運動にも力を入れすぎてしまう。しかし、練習によって上達する技術には上限がない。あらゆる芸や仕事を見れば明らかである。

笑顔を見せれば相手も笑顔になる

私がするこの親切は、イライラした態度で周囲に当たり散らすあの臆病者の心をすぐに解きほぐすであろう。私たちの気分は雲のように形を変え行き交っている。そこでどちらかが、まず笑顔を見せる事が必要なのである。君が先にそれをできないとすれば、君は単なる馬鹿者にすぎない。

Propos Sur Le Bonheur

Seeds of Happiness

上機嫌はどこでも
だれにでも
簡単にできる贈り物

私は上機嫌をおすすめしよう。これこそ新年に贈るにももらうにも最高のものだ。これこそ、誰をも、まず第一に贈り主を幸せにする本当の礼儀である。これこそ人と交換することで増え続ける宝物である。どこででも、誰にでもばらまくことができ、失うものは何一つないのだ。君がどこでそれを蒔いたとしても、芽を出し花を咲かせるだろう。

友達に与えた喜びは自分に戻ってくる

友情には素晴らしい喜びがある。喜びは伝染するものだと知ればすぐに理解できる。私の存在で友人が少しでも本当の喜びを感じてくれるなら、その喜びを見ることで今度は私が喜びを感じることができるのだ。このようにそれぞれが人に与える喜びというのは、やがて自分のもとに戻って来る。その時、喜びを閉じ込めていた扉が開き、それぞれがこう考える。「自分の中に幸せの種を持っていたのに、今まで何もしてやれなかったのか」

Seeds of Happiness

上機嫌でいると嫌なことも軽く受け流せるようになる

「上機嫌療法」の相手は人間じゃなくて物だって構わない。焦げ付いたシチュー、カチカチのパン、強い陽射し、埃、お金の支払い、空になった財布、どれも貴重な練習相手だ。こういうものを見ると、ボクサーのように「すごいパンチだな」と思う。うまく避けるか、いなしてやればいい。この療法をやっていなければ、子どものように泣きだしてしまう。そして泣くことが恥ずかしくて、余計に泣きわめいてしまうだろう。しかし上機嫌療法をやれば、物事はまったく違って見える。人はどんな物事も、心地好い水浴びのように受け流すことができるのだ。

Seeds of Happiness

喜びの表情やしぐさは周りの人にどんどん広がるもの

喜びの表情は誰にとってもいいものだ。あまり付き合いのない人たちの場合はさらに良い。その場合、私は記号としての笑顔をあるがままに受け取る。それが一番だ。そして喜びのしぐさを取れば、その人は喜びへと近づいて行く。これは本当のことだ。物まねのように、こういうしぐさは何度でも送り返されるのである。

TRA-LAAAA-LA
LAAAA-LA
DE-DAA!

幸せだから
笑うのではない
笑うから
幸せになれるのだ

喜びを呼び覚ますには、何かしらのきっかけが必要である。赤ん坊が初めて笑う時は、何かを表現しているのではない。幸せだから笑うわけでもなく、むしろ笑うから幸せなのだ。食べること自体が楽しいように、笑うこと自体が楽しいのだ。しかし、まず食べることが必要である。このことは、笑いについてだけ言えることではない。自分の考えていることを知るためには言葉が必要なのだ。

GEE, THIS IS A WONDERFUL DAY! IT JUST MAKES YOU FEEL LIKE SINGIN'-- OR SOMETHIN'

幸せに生きる秘訣とはできる時に人を喜ばせること

色々と幸せに生きる秘訣を語ってきたが、そこに「人を喜ばせる」というルールを追加したい。うそをついたり、卑しいお世辞を言ったりするのではない。ただできる時に喜ばせるということだ。しかしこれは私たちにとって、ほとんど常にできることなのである。

AND--THERE YOU ARE! JUST LIKE THAT!
GEE! YOU'RE A REG'LAR MAGICIAN, AIN'T YA?

幸せになろうと思わなければ幸せにはなれない

不幸で、満たされることのない人生を送るのは簡単だ。誰かが楽しませてくれるのを待つ王子様のように、ずっと座っていれば良い。幸せになることはいつだって難しい。それは多くの人に対する闘いだ。負けてしまうことだってある。克服できない困難や、大きな不幸なども確かにある。だが、全力で挑んでからでなければ、負けたなどと思ってはならない。それは明らかな義務である。さらに明らかなことは、幸せになろうと望まなければ、幸せになることはありえないということである。

Seeds of Happiness

成功を収めたから
幸せなのではない
幸せでいたから
成功できたのである

寒さに対抗する唯一の方法は、寒さもいいものだと喜び受け入れることである。喜びを説いた哲学者スピノザのように言うならこういうことだ。「体が暖まったから喜んでいるのではない。喜びの気持ちでいたから暖かくなったのだ」同じようにこう考えよう。「成功を収めたから幸せなのではない。幸せでいたから成功できたのだ」喜びを探す旅に出るのなら、鞄にはたくさんの喜びを詰めておくことである。

Seeds of Happiness

明日が楽しみである時はすでに今が幸せだということ

人は幸せを探し始めると、幸せを見つけられない運命に陥る。幸せは、君がそれを手にしていなければ幸せではない。君以外の社会の中で探しても、何一つ幸せの姿を見せないであろう。つまり、幸せというのは理屈で定めることも、こんなものだろうと予想することもできないのである。今この時に手にしていなければ駄目なのだ。未来の中に幸せがあると思えるのは、今すでに幸せを手にしているからである。希望は幸せの中から生まれるのだ。

THERE IS
A BOARDING HOUSE,
FAR, FAR AWAY,
WHERE THEY SERVE
PORK AND BEANS,
THREE TIMES A DAY---!

寝る前に色々考えても よい結論は出ないもの

眠りにつこうとする体の自然な働きを邪魔しない一番の方法とは、中途半端に考えないことだ。だから、真剣に身を入れて考え抜くか、さもなくばまったく考えないか、どちらかがよいのである。とりとめもなく巡るだけの思考が正しい結論にたどり着くことは決してない。この決断によって、頭に浮かんでいたことは夢うつつの中に落ちていき、何のとげもない幸せな夢がやってくるのである。

Seeds of Happiness

あとがき

ウォルト・ディズニーは、子どもだけでなく、大人も一緒に楽しめるエンターテインメントの世界を作り上げました。ディズニー作品に触れることで、誰でも笑顔になり幸せになることができるのです。ウォルトは、「白雪姫」や「シンデレラ」などをはじめとする、後世に残る素晴らしいアニメーションを生み出しましたが、その中でも最も気に入っていたキャラクター、ミッキーマウスは、ウォルトの性格だけでなく、生き方までも反映しています。ミッキーは、ウォルトがビジネスで苦境に陥ったとき、その失意の中で生まれたキャラクターです。どんな困難に遭っても、夢と希望を見失わず、新しいことにチャンレジする心を、ウォルトはミッキーに吹き込みました。当時、不可能と言われていた音と映像のシンクロを見事に完成させた「蒸気船ウィリー」を大ヒットさせ、二人はともに成長していったのです。

そして、幾度の失敗にもめげず、アニメーション、テレビジョンと果敢にビジネスを広げていき、晩年、ウォルトは世界中の人々に、さらなる幸福と知恵を与える地として、ディズニーランドという夢の国をプレゼントしてくれました。この国は、喜びや希望に満ち溢れ、人間の偉大さを教えてくれます。永遠に完成することなく、人々とともに成長していく国です。そして、その象徴であるミッキーマウスという親友を迎え、今日でも多くの人に幸せを届けています。そして、ますます幸せの国は繁栄し続けています。ミッキーは、ウォルトと同様、冒険心や正義感、素晴らしい想像力、そして、どんなときでもユーモアを持ち続けています。その明るさは、人々に愛され続け、いつでも人を笑顔にさせる力を持っているのです。「幸せは自分の心の中にある」ウォルトが一番伝えたかったメッセージは、ミッキーという分身に託され、世界中に広がっていくことでしょう。

If you smile, others will smile back

笑顔を見せれば相手も笑顔になる

ミッキーマウス　幸《しあわ》せを呼《よ》ぶ言葉《ことば》

★アラン「幸福論《こうふくろん》」笑顔《えがお》の方法《ほうほう》★

2014年5月10日　初版発行

EDITOR'S STAFF
PRODUCE　F.D.5.プロジェクト
DESIGN　木野 彩花　浜崎 麻未子
EDITOR　鈴木 信隆　長谷川 清美

監　修　ウォルト・ディズニー・ジャパン株式会社《かぶしきがいしゃ》

発行者　山下直久
発行所　株式会社KADOKAWA
〒102-8177
東京都千代田区富士見2-13-3
電話 03-3238-8521(営業)
http://www.kadokawa.co.jp/
編　集　角川書店
〒102-8078
東京都千代田区富士見1-8-19
電話 03-3238-8555(編集部)
印刷所　図書印刷株式会社
製本所　図書印刷株式会社

■落丁・乱丁本は、送料小社負担にて、お取り替えいたします。KADOKAWA読者係までご連絡ください。
(古書店で購入したものについては、お取り替えできません)
電話 049-259-1100(9:00～17:00／土日、祝日、年末年始を除く)
〒354-0041　埼玉県入間郡三芳町藤久保550-1

ISBN 978-4-04-110713-3　C0098